NOTICE

SUR LA

BARONNIE DE JOUX--SUR-TARARE

EN BEAUJOLAIS

PAR LE

Vicomte PAUL DE VARAX

LYON

IMPRIMERIE D'AIMÉ VINGTRINIER

Rue de la Belle-Cordière, 14

—

1876

NOTICE

SUR LA

BARONNIE DE JOUX-SUR-TARARE

EN BEAUJOLAIS

Telle l'abeille volage s'en va voltigeant de fleur en fleur, butinant par ci, butinant par là ; telle ma plume vagabonde court d'un lieu à un autre, se désaltérant partout où elle rencontre quelque vieux souvenir à recueillir. Jadis, elle a trempé son bec dans le modeste ruisseau de Ransonnet ; puis elle a été se baigner dans les ondes paisibles de la Saône, au-dessus de la grande cité néanmoins, car au-dessous l'eau aurait été quelque peu troublée ; ensuite, sans craindre de prendre la fièvre, elle s'est plongée jusqu'au cou dans les vastes étangs de la Dombes. La voici revenue presque au lieu de son départ ; séparée seulement du gentil Ransonnet par la chaîne de montagnes qui distribue les eaux entre le bassin de la Loire et celui du Rhône, elle se rafraîchit dans la murmurante Turdine et va se délecter à conter le passé d'un noble manoir des montagnes du Beaujolais, d'un puissant castel, flanqué de deux énormes tours, reliées entre elles par une façade formant au milieu un angle obtus, et défendu par des murs de deux mètres d'épaisseur.

Le voyageur qui de Tarare se rend à Roanne par la chapelle de Sienne, le Pin-Bouchain et Saint-Symphorien-de-Lay aperçoit, sur sa gauche, six kilomètres environ après avoir quitté la ville manufacturière, un joli village dominant la vallée et dominé lui-même par des pentes rapides couvertes de bois de sapins, au-dessus desquelles apparaît la tour aérienne de Boussivre. Ce village s'est nommé d'abord, dit-on, Araara Jovis, en souvenir d'un autel dédié à Jupiter, puis Jo, ensuite Joz, et maintenant c'est Joux-sur-Tarare. Au-dessus de ses maisons, se dresse son vieux château, aux tours imposantes, dont l'esplanade est couronnée par un magnifique tilleul, vénérable Sully, couvrant de sa vaste et épaisse chevelure tout l'espace compris entre le château et l'église paroissiale.

Après avoir dépendu des seigneurs de Lay, Joux appartint ensuite aux puissantes maisons de Forez et de Beaujeu, puis il passa à la famille de Vienne, une des plus anciennes et des plus distinguées de France, enfin il fut acquis par les Villeneuve, connus depuis très-longtemps à Lyon pour avoir donné de nombreux échevins à cette ville; cette famille est éteinte, mais ses descendants par les femmes la représentent encore aujourd'hui à Joux, et ce château a le privilége de n'avoir pas été aliéné depuis environ 370 ans.

La seigneurie de Joux avait le titre de baronnie, comme ayant été l'apanage d'un cadet de la maison de Beaujeu et elle s'étendait sur les paroisses de Joux, Affoux, Saint-Marcel-l'Eclairé, partie de Violay et de Saint-Forgeulx et une parcelle des Sauvages.

Le plus ancien seigneur de Joux que l'on connaisse est Aimon, seigneur de Lay, vivant vers l'an 1080; Gébuin, archevêque de Lyon, avait donné à l'abbaye de Savigny, l'église Sainte-Marie-de-Joux avec des dîmes, terres et autres dépendances, puis il avait confirmé cette donation, étant malade, dans la cour de Saint-Nizier; l'abbaye de Savigny possédait aussi les églises de Tarare et de Saint-Loup avec des rentes ou censives en dépendant. Aimon, seigneur de Lay et de Joux, et de plusieurs autres terres, ce qui le rendait fort puissant et redoutable à ses voisins, se crut en droit d'exiger de l'avoine et du foin des habitants de Tarare et de Saint-Loup ; Dalmais, abbé de Savigny, s'y opposa et, ne pouvant l'empêcher par la douceur, il se résolut à faire la guerre à Aimon de Lay; il alla assiéger le château de Lay, le prit avec l'aide de Dieu, dit-il, celle de saint Martin et d'un comte appelé Renaud, et le fit raser. Aimon appela apparemment à son secours ses amis et alliés et il allait se venger de l'abbé, quand des amis communs s'entremirent pour les régler et les accommoder. Parmi ces arbitres se trouvait Guichard IV, sire de Beaujeu. L'abbé Dalmais, pour indemniser Aimon de la prise et du renversement de son château, des droits d'avoine, de foin et autres qu'il prétendait sur les terres de l'abbaye, lui donna 100 sols, 20 sols à sa femme et 5 sols à Humbert de Vigny, avec deux mas pour les tenir en fief de l'abbaye aux mêmes charges qu'il en tenait d'autres qu'il avait eus de son père. Aimon les ayant acceptés, prêta serment de fidélité à l'abbé de Savigny, se reconnut son homme et promit que, moyennant les fiefs qu'on lui donnait et ceux qu'il avait déjà, ses fils et les fils de ses fils, jusqu'à la dernière génération, prêteraient serment de fidélité à l'abbaye de Savigny et ne violeraient jamais sa promesse,

Itier II étant abbé de Savigny, Hugues, archevêque de Lyon, renouvela, vers 1088, la donation que Gébuin, son prédécesseur, avait faite à l'abbaye de Savigny, de l'église de Sainte-Marie-de-Joux. Ponce de Lay, seigneur de Joux, Aimon, son fils et Ponce, son autre fils, qu'il donna pour être religieux dans cette abbaye, y donnèrent leur consentement « pro animarum suarum remedio »

Vers l'an 1121, sous l'administration de Ponce de Lay, son frère Aimon, seigneur de Joux, se voyant réduit à la dernière extrémité, se départit de toutes les mauvaises coutumes et usurpations que lui et ses hommes pouvaient recevoir et faire dans la terre de Saint-Martin, dans la vallée de Joux. Aimon le fit, reconnaissant avoir auparavant mal agi et injustement.

Il paraît que la terre et seigneurie de Joux relevait originairement du comté de Forez, car, en 1273, il fut convenu que le comte de Forez aurait droit de foi et hommage sur cette seigneurie.

En 1302, Guichard VIII, sire de Beaujeu, de la race de Beaujeu-Forez, assigna des rentes à Humbert, Guillaume et Thomas, ses frères, à prendre pendant leur vie, sur la terre de Joux.

Guichard VIII eut quelques différends avec l'abbé de Savigny pour les limites de la terre de Joux qui étaient mêlées avec celles de Tarare et autres dépendantes de cette abbaye. Ils convinrent de prendre des arbitres qui réglèrent, au bout de dix ans, ces limites qui servirent de bornes entre le Lyonnais et le Beaujolais. Etienne de Varennes-Rapetout, abbé de Savigny, fit une première transaction en 1309, et Hugues Aybrand, son successeur, en fit une seconde en 1319. Furent présents à cette dernière transaction Othon de Varennes, prieur de Tarare, Etienne de Varennes, prieur d'Arnas, Jean de Varennes, prieur de Montrottier, messires Pierre Bressent, Mathieu de Talaru, Hugues Arrici, chevaliers, Martin de Buellas, Guy Calli, docteur ès lois, Hugues Charpinel, Zacharie de Taney, damoiseaux, Jean, fils de Girard Chassipol de Tarare et Jean Boilet, clercs, Marius Maleyne, chanoine d'Autun, Guichard de Thélis et Simon de Gletteins.

Vers 1339, Edouard Ier, sire de Beaujeu, fils de Guichard VIII, céda, au nom de ses frères, le château de Joux à Jeanne de Châteauvillain, sa belle-mère. Ce château fut ensuite assigné, le 14 mai 1343, pour faire partie du douaire de Marguerite de Poitiers, femme de son frère Guichard de Beaujeu, seigneur de Perreux.

Le mardi avant la fête de la bienheureuse Marie-Madeleine, de l'an du Seigneur 1345, fut fait, au château de Sémur-en-Brionnais, partage entre Edouard, Guillaume, Guichard, Louis et Robert de Beaujeu, fils de Guichard VIII, dit le Grand. Par ce partage, Robert eut aussitôt le château de Joux sur Tarare et ses appartenances, et, après la mort de Jeanne de Châteauvillain, sa mère, les prévôtés de Claveyzoles et de Saint-Bonnet-le-Troncy. Furent présents à cet acte Guichard de Semur, archidiacre de Châlon, Jehan d'Essertines, chevalier, maître Jehan de Paray, juge-major des cours des appellations de Lyon, Guichard de Marz, docteur ès-droits et Jehan de Villins, damoiseau,

Robert de Beaujeu, destiné à l'état ecclésiastique par le testament de son père, avait reçu de lui les revenus d'Arcinges, montant à 300 livres viennoises ; il ne voulut point entrer dans les ordres et reçut, comme nous avons vu, pour son apanage, les seigneuries de Joux, Claveyzoles, Saint-Bonnet-le-Troncy, et de plus Coligny-le-Neuf.

Comme toute la seigneurie de Beaujolais portait le titre de baronnie, la terre de Joux, donnée en apanage à un cadet de la maison de Beaujeu, se conserva le même titre, l'accessoire ayant retenu la nature et le nom du principal, comme il arriva aussi à Amplepuis et à Saint-Trivier-en-Dombes.

Ce Robert de Beaujeu et neuf écuyers, venus de Joux,

accompagnèrent, en 1335, le comte de Savoie qui allait au secours du roi de France contre les Flamands. En combattant contre les Anglais, il fut fait prisonnier à la bataille de Saint-Georges-du-Bois, en Saintonge, et ne put recouvrer sa liberté qu'en payant une rançon de 700 écus d'or, comme le prouve une quittance de 1351.

Guichenon le fait tuer, le 6 avril 1362, à la bataille de Brignais, contre les Tard-Venus ; ce qui n'empêche pas que le même Guichenon dit plus loin qu'il s'opposa à ce qu'Edouard II de Beaujeu, son neveu, prît possession de la succession d'Antoine, sire de Beaujeu et que, le 19 juillet 1376, il prêta foi et hommage au même Edouard pour la terre de Joux.

Voici un fragment d'une vieille chronique de la maison de Beaujeu, où il est ainsi parlé de la branche de Joux :

« Messire Robert, quatriesme fils de messire Guichard-le-Grand, frère de messire Eddouard, mareschal de France, de messire Guichard et de messire Guillaume fut seigneur de Joz-sur-Tarare, et espousa madame Agnès de Vienne, dame de Chadenay, de laquelle dame il eust ung fils nommé Guichard lequel fut fait nouveau chevalier en Flandre au temps que le Roy Charles de France assiégea et prit la ville de Lesdes, qui fut en l'an mil trois cent quatre vingt-cinq, le trentiesme jour d'aoust. Si fut faict chevalier ledit Guichard par messire Eddouard de Beaujeu, seigneur de Beaujolloys, son cousin-germain.

« Ledit messire Robert, seigneur de Joz, fut un très-noble chevalier en son temps, agréable à Dieu et au monde, et mourut avant sa femme, l'an de Notre Seigneur Jésus-Christ mil trois cent quatre-vingt et..., le jour de Pâques, et fut mis en l'église Notre-Dame de Belleville, avec ses parens à grand triumphe et honneur. Messire Guichard son fils alla au sainct voyage d'oultremer et mourut auprès d'Affrique, le sixiesme jour de septembre, l'an mil trois cens quatre-vingt et dix, au temps que le duc Loys de Bourbon fist une armée et mena grande noblesse de France, et assiégea Affrique avec les Genefroys, et là tint le siége neuf moys; toutefoys, il ne la sceut prendre, et fut le corps dudit seigneur Guichard mis en sépulture audit lieu d'Affrique, prez du rivage de la mer. Son cœur fut apporté à Belleville où il fut enseveli et mis avec les aultres, ses prédécesseurs, par un sien escuyer, nommé Brusolin et par le résidu de ses serviteurs, comme je l'ay ouy dire à ses serviteurs. »

Robert de Beaujeu avait épousé Agnès de Vienne, dame de Chaudenay, dont il eut deux fils et deux filles; l'aîné de ses fils, Guichard de Beaujeu, seigneur de Joux, de Belleville, de Saint-Bonnet, de Coligny et de Chaudenay, mourut en Afrique en 1390, comme on le voit dans la vieille chronique de la maison de Beaujeu, et ne laissa pas de postérité. Son frère Jean étant mort à Montmerle, en 1386, il eut pour héritières ses deux sœurs qui se partagèrent ses biens. La terre de Joux échut à l'aînée, Marguerite, mariée le 16 décembre 1391, avec Louis Aycelin de Lystenois, chevalier, seigneur de Lystenois, La Ferté-Chauderon, Montagu et Châtel-Oudon, chambellan du roi Charles VI et grand-maître de France.

Isabeau Aycelin de Lystenois, leur fille unique, épousa, en 1410, Jean de Vienne, fils de Philippe de Vienne, seigneur de Rollans, Montbis et Clervaux, et de Philiberte de Maubec; Jean de Vienne était seigneur de Bonencontre, conseiller et chambellan du roi, sénéchal et maréchal de Bourbonnais, et mourut en 1425.

Philippe de Vienne, leur fils, était seigneur de Lystenois

et Montagu, baron de la Roche-Nolay et eut, de Péronelle de Chazeron, fille de Jean, seigneur de Chazeron, pour fille unique et héritière de ses grands biens, Anne de Vienne, mariée le 11 mai 1462 à Jean de Vienne, seigneur de Montbis, son parent, fils de Guillaume de Vienne et de Béatrix de Cusance.

Noble et puissant seigneur, messire Jehan de Vienne, chevalier, seigneur de Lystenois, Montégu, Chastelledon et La Ferté-Chauderon, dame Anne de Vienne, sa femme, et damoiselle Péronnelle de Chazeron, mère d'Anne de Vienne, vendirent à noble et puissant seigneur messire Jacques de Beaujeu, seigneur d'Amplepuis, le châtel, terre et baronnie de Joux-sur-Tarare, dîmes, justices haute, moyenne et basse, demourances, fiefs, arrière-fiefs, membres, dépendances et appartenances pour le prix et somme de 2,500 livres tournois, monnaie de roi, lors ayant cours, avec clause constatant qu'ils se réservaient le droit de racheter ladite terre, seigneurie et baronnie de Joux.

Jacques de Beaujeu, seigneur d'Amplepuis, était fils d'Edouard de Beaujeu, seigneur dudit Amplepuis et de Jacqueline de Linières ; il épousa Jacqueline Juvénal des Ursins, fille de Guillaume Juvénal des Ursins, baron de Traimel, chancelier de France, et testa, le 15 septembre 1488. Il était encore seigneur de Rezay, Chevagny-le-Lombard, Thel, Ranchal et les Tours, baron de Linières, conseiller et chambellan du roi, baillif de Sens.

Jacques de Beaujeu céda, remit et transporta, dans la suite, lesdits châtel, terre, baronnie et seigneurie de Joux à maître André Porte, docteur ès-lois, juge des ressorts de Lyon et à dame Claude Sextre, sa femme, pour le même prix de 2,500 livres ; quelque temps après, lesdits sieur et dame de Lystenois vendirent à André Porte et

Claude Sextre, la plus-value de la seigneurie de Joux, pour le prix de 1,500 livres tournois, sous faculté de réachat à certain temps.

Après la mort d'André Porte, lesdits sieur et dame de Lystenois, vendirent à ladite Claude Sextre les droits de plus-value de la baronnie de Joux pour le prix de 300 livres tournois, toujours avec faculté de réachat après un certain temps.

Claude Sextre se remaria avec noble homme et saige Humbert de Villeneufve, écuyer, docteur ès-lois, conseiller du roi, et, le 27 août 1495, noble homme François d'Arson, écuyer, seigneur d'Aubenas, procureur des sieur et dame de Lystenois, vendit à Claude Sextre, pour le prix de 1,000 livres tournois, le droit de plus-value des châtel, terre, baronnie et seigneurie de Joux et ses appartenances.

Le 13 mars 1496, noble François d'Arson, au même nom, vendit à Humbert de Villenéufve et à Claude Sextre, pour le prix de 1,000 livres, la plus-value du châtel de Joux.

Le seigneur de Lystenois étant allé depuis de vie à trépas, Anne de Vienne, sa veuve, ratifia, le 9 novembre 1499, la vendition faite au profit d'Humbert de Villeneufve et de sa femme, et leur vendit, pour le prix de 300 livres, la plus-value des châtel, terre et baronnie de Joux. Le 21 septembre 1500, elle leur passa une semblable vente pour le prix de 400 livres de plus value. Enfin, le 21 juin 1507, Anne de Vienne vendit à Humbert de Villeneufve les châtel, terre, baronnie et seigneurie de Joux, ensemble ses droits et appartenances, pour en jouir perpétuellement et toujours, et ce, moyennant le prix de 5,000 livres tournois.

Humbert de Villeneufve était fils de Jean de Villeneufve,

écuyer d'écurie du roi Louis XI, capitaine de Collionvre, en Roussillon, et des francs archers de Lyonnais et de Beaujolais, et de Catherine de Bletterans, dame de Pierreclos, Bussige, Bussières, en Mâconnais, et du Péage de Moges. Guichenon, dans son *Histoire de Dombes* et Le Laboureur, dans ses *Mazures de l'Isle-Barbe*, ont offert la généalogie de cette ancienne famille lyonnaise qui a donné à sa patrie un grand nombre de conseillers de ville, mais ces deux auteurs s'accordent assez mal ensemble ; la généalogie que l'on trouve dans les *Mazures*, passe pour être plus exacte, Le Laboureur ayant eu entre les mains les titres de la famille de Villeneufve. Guichenon parle d'un arbre généalogique que l'on voyait de son temps dans la salle basse du château de Joux-sur-Tarare, et qui a disparu, sans qu'on en ait aujourd'hui aucun souvenir. Cet arbre généalogique de la maison de Villeneufve était peint, avec toutes ses alliances, se composant de vingt-trois degrés de génération; il commençait à l'an 1062, et faisait entrer par mariage, dans la famille de Villeneufve, entre autres maisons illustres, celles de Grôlée, de Saint-Trivier, de Polignac, de Rossillon, de Chandieu et de Beaujeu ; mais comme cet arbre généalogique n'était accompagné d'aucune date, qu'il y avait beaucoup de confusion aux degrés et que les titres que Guichenon avait vus ne concordaient pas avec cette généalogie, il ne s'en servit pas pour son travail.

Humbert de Villeneufve était seigneur de Beuvray, de la Motte et d'Ynars, conseiller et chambellan du Roi ; il fut l'ornement de sa maison à laquelle il donna beaucoup de lustre par sa vertu et par ses belles charges qu'il exerça très-dignement. D'abord lieutenant-général en la sénéchaussée de Lyon, en 1499, il devint ensuite conseiller au grand conseil; puis deuxième président au Parlement de Toulouse et enfin premier président en celui de Dijon, par lettres patentes de Louis XII, du 20 septembre 1505. En 1504, il fut envoyé par le roi ambassadeur en Suisse avec le seigneur de Bussy-Lamet. Voici une pièce, conservée aux archives du château de Joux, qui constate ladite mission confiée à Humbert de Villeneufve.

— Instructions faictes de par le Roy à Messire Hymbert de Villeneufve, docteur en loix, lieutenant général du sénéschal de Lyon, lequel présentement ledit seigneur envoie en ambassade ou pays des Ligues pour les causes qui s'ensuyvent :

Est assavoir que depuis peu de jours, Le Roy a envoyé à certaine journée qui se devoit tenir à Lucerne le jour de la Fête-Dieu ou la sepmaine après Guyot des Roches, son vallet de chambre et Petter Grob, lieutenant des Souysses de sa garde, les instructions desquelz contiennent en effet que pour ce qu'à la journée précédente tenue audict Lucerne ou fut pour le Roy l'archediacre d'Angiers, les seigneurs des Ligues sur le débat des querelleurs escripvirent audict seigneur que sa plaisir feust ou de croistre la somme de six mille livres que ledict archediacre avoit offerte ou de prendre de son cousté deux hommes et lesdicts querelleurs deux autres, lesquelz quatre congneussent desdictes querelles ; et en cas de discort eussent povoir de eslire ung quun superarbitre, à cette cause ledict seigneur congnoissant leurs demandes estre desraisonnables et il ne leur estre en rien tenu et que son offre n'estoit que de grâce à cause de la confédération et amitié qu'il a ausdicts seigneurs aymoit mieulx pour leur complaire que lesdicts quatre arbitres feussent prins d'un cousté et d'autre et le cinquième en cas de discort que de satisffaire à leurs dictes demandes, pourveu touteffoys que lesdicts arbitres congnoistroient non-seulement desdictes querelles faictes à l'encontre du Roy, maiz encores de celles que le Roy fait et entend faire à l'encontre desdictz querelleurs pour les dommaiges irréparables par eulx faiz l'année qu'il vint à sa couronne en ses pays de Champaigne et Bourgogne et autrement selon que arbitres doyvent congnoistre tant d'un cousté que d'autre, ainsi que plus amplement est contenu en leurs dictes instructions.

Touteffoys, pour ce que les dessusdicts Guyot et Grob, depuis qu'ilz sont arrivés par delà ont escript et adverty ledict seigneur que certain évesque de Volines et autres en sa compagnie de la part du Roy des Roumains doyvent de bref venir vers lesdictes Ligues tant pour conforter lesdicts querelleurs et les irriter et mouvoyr plus fort à l'encontre du Roy que pour tenir et machiner autres praticques audict pays au domaige et préiudice dudict seigneur, si possible leur est, ce qui pourroit porter inconvénient si aucun bon personnaige de bonne expérience n'y étoit pour y résister, à ceste cause ledict Messire Hymbert, à la meilleure diligence que possible luy sera, s'en tirera audict pays et jusques au lieu de ladicte journée et plus avant, si besoing est, en passant par Genève et par Fribourg ouquel lieu il trouvera messire Petreman de Foussigny, advoué dudict Fribourg et le secrétaire de la ville qui ont accoustumé adresser les gens et affaires du Roy par delà, par lesquels il pourra entendre et savoir des choses dessusdictes et avoir des nouvelles desdicts Guyot et Petter Grob, et selon qu'il verra estre besoing pour pourveoir aux inconvénients dessusdicts posé oresque les dessusdicts feussent jà de retour audict Fribourg ou plus en çà, tirera plus avant dedans ledict pays des Ligues où il verra estre plus nécessaire pour résister aux praticques dudict Roy des Roumains, en quoy faisant pourra joindre avec luy le dessusdict Petter Grob pour estre son truchement et luy tenir compaignie, aussy luy faire congnoistre les bons amis et serviteurs du Roy pour s'en ayder ès choses dessusdictes, et ledict Guyot s'en pourra revenyr.

Avant partir dudict Fribourg, selon l'advis dudict messire Petreman et secrétaire, prendra sauf conduyt de ceulx de Berne et delà en avant, ainsi que sera besoing, à Lucerne trouvera Nicolas Affort, aussi serviteur du Roy, à Surich

Radolff Hedinger auxquelz quatre il portera lectres missives dudict seigneur pour sa recommandacion et pour estre instruyt d'eulx sur les choses dessusdictes, afin de mieux savoir ce qu'il aura à faire, aussi luy bailleront mémoire pour congnoistre de lieu en lieu et de quenton en quenton les bons amis et serviteurs du Roy.

Les dessusdicts Guyot et Petter Grob avoient quelque autre charge du Roy qui aujourd'huy luy a esté déclairé par monsieur le chancellier tout au long, et après par monsieur le mareschal luy a esté dit davantaige sur ce l'intencion du Roy pour y besongner et faire selon qu'il verra la disposicion des matières.

Et pour ce monsieur du Bouschaige et ledict ambassadeur sont les deux personnaiges que par la part du Roy doivent estre nomméz à ladicte journée de Lucerne ou cas que l'arbitraige dessusdict sorte son effect pour congnoistre desdictes querelles, pourra dire icelluy ambassadeur, si le cas le requiert, que de sa part ne fauldra point à se trouver au lieu qui par le Roy lui sera ordonné et au temps qui sera dict, afin de toujours leur donner à congnoistre que le Roy de sa part ne veut point délayer que les matières ne soient venues pour le bon droit qu'il se sent avoir, le dira aussi afin de éviter toute manière de rompture avec lesdicts seigneurs des Ligues. Finablement fera et dira ledict ambassadeur toutes les choses qui lui sembleront estre requises pour l'honneur, prouffit et avantaige dudict seigneur et selon que besoing sera l'advertira des choses qui pourroient survenyr à bonne dilligence.

Fait à Lyon, le xixe jour de juing mil cinq cens et ung.

Signé : LOYS,
et plus bas : NOBLET.

A son retour de son ambassade en Suisse, Humbert de Villeneufve fut député par la Cour, l'année suivante, à l'assemblée qui se tint à Orléans, de l'autorité du Roi, contre les entreprises du pape Jules II. Comme il était ensuite à Genève pour négocier la rançon des ôtages, donnés aux Suisses par le seigneur de la Trémouille, en 1513, après la levée du siège de Dijon, il fut arrêté par les Suisses et mené à Berne, d'où il fut tiré, moyennant 2,000 écus de rançon que la province de Bourgogne paya. Il mourut à Dijon, le 18 juillet 1515. Le Parlement assista en corps à ses funérailles et lui rendit des honneurs qui jusqu'alors n'avaient pas été pratiqués, pour marque de son mérite extraordinaire et de l'estime particulière que cette illustre compagnie avait pour son chef ; il fut inhumé dans l'église des Cordeliers de Dijon.

Humbert de Villeneufve fonda les prébendes du château de Joux ; il avait épousé, en secondes noces, Marie de Corbiny, veuve de messire Jean d'Aumont.

Charles de Villeneufve, fils de Humbert de Villeneufve et de Claude Sextre, sa première femme, succéda à son père dans la baronnie de Joux. Il fut l'un des cent gentilshommes de la maison du Roi, chevalier de l'ordre du Roi et se maria avec Marie d'Amanzé, fille de Jean, seigneur d'Amanzé et de Béatrix Mitte de Chevrières.

En 1515 et 1526, il fit des transactions avec ses sujets de la baronnie de Joux, et, en 1531, avec l'hôtelier de Savigny, qui était patron de l'église de Joux placée sous le vocable de l'Assomption, et levait certaine dîme dans cette paroisse.

Théodde de Villeneufve, fils de Charles de Villeneufve, lui succéda dans la baronnie de Joux ; il fut homme d'armes de la compagnie du maréchal de Saint-André et mourut sans alliance, le 18 avril 1554, dans l'abbaye d'Ainay, après avoir testé en faveur de Rolin de Villeneufve, son frère.

Téodde de Villeneufve, étant tombé par accident de cheval, à Lyon, se cassa une jambe dans sa chute et fut incontinent secouru et conforté en son besoin par messieurs les grand prieur et religieux de l'abbaye d'Ainay, où il mourut ; il fit donation verbale à cette maison pour récompense de ce service, de la somme de 250 écus d'or au soleil, de la valeur chacun de 46 sols tournois.

Rolin de Villeneufve quitta l'église après la mort de ses six frères morts presque tous à la guerre. Il fut marié deux fois, la première avec Philiberte de Marsilly, dame de la Forest, fille de Mathieu de Marsilly de la Forest, écuyer, seigneur de la Forest, des Costes, du Fay, et du Colombier ; la seconde, avec Suzanne de Cypierre.

Après la prise de Lyon par les Huguenots, vers 1562, le château de Joux fut dévasté par les hordes que commandait le baron des Adrets ; le village renfermé dans l'enceinte de ses remparts avait été incendié avant cette époque ; ce manoir avait six tours et était considéré comme château-fort.

Georges de Villeneufve, fils de Rolin de Villeneufve et de Philiberte de Marsilly de la Forest fut baron de Joux après son père et seigneur de la Noyrie, Sailly et Salornay-sur-Guye ; il épousa Charlotte de Champier, fille unique et héritière de Jacques de Champier, baron de la Bâtie, en Dombes, seigneur de Langes, Argil, Montceau, Corcelle, Chaneins, etc., chevalier de l'ordre de Saint-Michel, bailli de Bresse et gouverneur de Dombes, et de Françoise de Langes, laquelle lui apporta toutes les seigneuries de sa maison. Georges de Villeneufve était chevalier de l'ordre de Saint-Michel, bailli de Beaujolais et capitaine de 50 hommes d'armes des ordonnances du Roi.

Le 13 juin 1584, noble Antoine de la Rossel, écuyer, seigneur dudit lieu et de la Noyrie, demeurant à Trévoux, tant en son nom que pour celui de demoiselle Maurice de la Noyrie, sa femme, vendit à haut et puissant seigneur noble George de Villeneufve-Pompierre, seigneur et baron de Joux, écuyer de la grande écurie de Monseigneur, fils du frère unique du Roi et commissaire ordinaire de son Altesse, savoir : aucune sienne maison-forte appelée de la Noyrie, avec ses consistances et dépendances, consistant en maisons hautes, moyennes et basses, chambres, étables, galeries et autres maisons y joignant appelés fournier, granges, étableries, caves, terres, jardin, verger, moulin, battoir à chanvre, colombier, prés, bois tant de haute futaie que taillis, hermages, sis en la paroisse de Joux, appelée la Noyrie, avec les rentes, revenus, droits seigneuriaux, dépendant de la rente de la Noyrie, pour le prix de 2,166 écus, deux tiers et à la charge d'une pension annuelle due aux abbés d'Ainay de 13 écus, un tiers, au sort principal de 116 écus, deux tiers. Cet acte fut passé en présence de noble Adrian Bec, écuyer, seigneur de la Bussière et Gautier, de noble Pierre de Sarron, écuyer, seigneur des Forges et de noble Claude de Fournillon, seigneur de Butery et l'Espinasse.

Le 3 mai 1585, haut et puissant seigneur messire Georges de Villeneufve, seigneur et baron de Joux et la Noyrie, fit une transaction avec ses sujets, habitant les paroisses de Joux, Affoux et Saint-Marcel-l'Eclairé. Par ce contrat, il est dit que ledit seigneur commettra un portier à la porte de la bassecour du château, choisi à son gré et élu par lesdits habitants qui lui paieront pour gage, ceux ayant maisons dans la bassecour, un denier tournois. Pour le guet et garde, on fera comme par le passé ; pour le regard des prisonniers enfermés pour dettes et autrement, fors des crimes et des bêtes mises en prison, lesdits prisonniers, tant pour dette que pour méfait, paieront au commis du seigneur dorénavans et à perpétuité, chacun pour entrée et sortie, 18 deniers tournois et, pour chacune prise de bêtes, 15 deniers tournois ; quand à la chasse des lièvres, bêtes noires ou rousses, lesdits habitants pourront chasser aux lièvres chacun rière lui, et si bon leur semble, se pourront assembler jusqu'au nombre de 2, 3 ou 4 voisins, ayant feu et lieu, et non plus outre, s'ils n'ont de ce congé du seigneur, de madame ou de leurs enfants, et, en leur absence, du principal de leurs officiers. Ils ne pourront aucunement chasser, par ladite terre et juridiction de Joux, aux dites grosses bêtes noires ou rousses comme porcs, sangliers, biches, chevreux jeunes ou vieilles, sous peine d'amende. Il leur est permis à perpétuité de chasser aux loups, renards, teyssons, et pour les prendre, poser les cordes à crocs, rêts, propres à ce faire, et pour ce s'assembler en tel nombre qu'ils voudront, le tout sans préjudice de la chasse desdites bêtes et perdrix, d'ancienneté appartenant au seigneur, du consentement desdits habitants ; et s'il advenait qu'en chassant lesdits loups, renards et teyssons, ils prenaient aucunes grosses bêtes, porcs, cerfs, biches, chevreux, chevrolles jeunes et vieilles ou perdrix, en ce cas, ils sont tenus de les apporter au château de Joux, sous peine d'amende. Est réservé au seigneur, à ses hoirs et successeurs de ladite seigneurie de Joux, de pouvoir chasser les perdrix avec tirasses et autres engins par toute la terre et seigneurie de Joux. Le seigneur de Joux peut chasser par toute ladite terre à petite et grosse chasse et assemblée de gens, à cors, cris, cordes, rêts, filets, chiens, levriers, sauf dans les clapiers, buissons, et garennes, où il y aura clapiers et terriers, où il ne pourra chasser ni fureter les clapiers. Lesdits habitants pourront, si bon leur semble, porter arbalètes, chacun en leur fond, sans faire mal ni violence à autrui, auquel cas ils seront punis, s'il y a dénonciation. Lesdits habitants apporteront perpétuellement au seigneur de Joux ou à son commis toutes lettres, contrats où seront contenus pies causes, ordonnance et célébration de messe ou divin service pour le remède des âmes des trépassés et défunts navrés, pour chacun desquels ledits seigneur prendra la somme de sols, 6 deniers. Lesdit habitants promettent de faire, chacun, chaque année, 3 corvées ou journées, ceux ayant bétail avec leurs bœufs et charrettes, les autres à la force de leurs bras. Ils reconnaissent que les moulins dudit seigneur, situés en les paroisses de Joux et d'Affoux, et ceux qu'il pourrait édifier en les paroisses de Saint-Marcel-l'Eclairé, des Sauvages et autres sont bannaux et qu'ils sont tenus d'y faire moudre leurs grains, à l'exception de ceux qui possèdent moulins en ladite juridiction ou ailleurs et il leur sera pris un coupon, pour chaque bichet, mesure de Joux.

Georges de Villeneufve reçut, en 1589, de Henri III, roi de France, une lettre conçue en ces termes et conservée aux archives du château de Joux.

A Monsieur Le Baron de Jou,

Monsieur le baron de Jou, Vous avez tousiours monstré tant d'affection à mon service Vous présentant et employant aux occasions qui s'en offrent qu'il m'en demeure Une ferme asseurance que Vous continuerez la même dévotion pour en rendre les effectz d'une entière et inviolable fidélité, au moïen de quoy J'ai bien voulu Vous escrire la présente pour Vous dire l'estat que J'en fais comme le sieur de Bothéon, mon lieutenant général au gouvernement de delà Vous fera plus particulièrement entendre et ce que vous avez à faire pour mondit service selon qu'il verra les affaires le requérir, en Vous employant et l'assistant comme Je me promectz que vous ferez, Vous pouvez estre asseuré que J'auray bonne souvenance de le recongnoistre, Priant Dieu, Monsieur Le Baron de

Jou qu'il Vous ait en sa sainte garde. Escript à Bloys le 22ᵉ jour de Janvier 1589.

Signé : Henry
et plus bas : Revol.

Georges de Villeneufve avait embrassé le parti de Henri IV et il était un de ses plus zélés partisans ; aussi les chefs des Ligueurs trouvant qu'il troublait la Sainte-Union par ses voyages auprès du roi de Navarre et autres du parti contraire au leur, le firent arrêter aux environs d'Avallon. A cette nouvelle, les échevins de Lyon, qui tenaient le parti de la Ligue, écrivirent à Jean de Nagu-Varennes, gouverneur de Mâcon, une lettre dont la copie a été inscrite dans les archives de cette ville et dont voici le texte :

Monsieur de Varennes,

Monsieur, ayant esté avertys de la prinse par Monsieur de la Motte-Cardan de Monsieur le baron de Joux que vous pouvez avoir entendu estre celluy de la noblesse de ceste province qui se remue le plus contre le bien et repos d'icelle, nous avons depesché ce porteur nostre concitoyen, par les mains duquel vous recepvrez la présente pour aller trouver de notre part ledict sieur de la Motte et le prier que s'il l'aura trouvé saisy de quelzques papiers, mémoires et intentions que nous concernent les luy faire veoir et lui en bailler extraictz, si mieux il n'yame le saisir des originaulx, et parceque nous n'avons pas cest honneur que d'avoir sa cognoissance, ny peuct estre luy de la nostre, et nous asseurans de vostre affection et bonne volonté envers nous, vous avons bien voulu escripre la présente pour vous prier d'estendre en ce faict vostre crédit envers ledict sieur de la Motte et accompagnez ce dict porteur de voz lettres à cette fin, cette aussi sera pour vous dire que nous avons reçeu advis de divers endroictz qu'il y a une entreprinse sur vostre ville ; à quoy nous vous prions de pourvoir par vostre prudence accoustumée et ne vous fyez que bien à poinct à ceulx qui sont suspects demeurans en vostre ville; nous n'avons aucunes autres nouvelles, dignes de vous, qui nous fera clore la présente par noz bien humbles recommandations à voz bonnes grâces, prians Dieu vous donner

Monsieur, en bonne santé, très-heureuse et très-longue vie. De Lyon, ce XV° febvrier 1590.

Georges de Villeneufve étant capitaine de 50 hommes d'armes, fit plusieurs voyages en diverses provinces pour le service de Henri IV : un mandement du trésorier de l'épargne, de l'an 1593, lui fit rembourser les frais que lui avaient occasionné ces différents voyages. Voici le texte de ce mandement, extrait des archives du château de Joux.

Baltazar Gobelin, conseiller du roy en son conseil d'estat et Trésorier de son Espargne, à Maistre..... du Benoist, commis à la recepte générale des finances de Daulphiné, salut : Nous pour satisfaire au voulloir d'icelluy sieur vous mandons que des deniers tant ordinaires que extraordinaires de Vostre charge de la présente année Vous payez, bailliez et délivrez cemptant au sieur Baron de Joux, Georges de Villeneufve, cappitaine de cinquante hommes d'armes pour le service du Roy en Piedmont la somme de huict cents escus sol, à lui ordonnée par ledict sieur pour son parfaict payement tant de plusieurs voiages qu'il a ci-devant faictz ès provinces de Languedoc, Daulphiné et Lyonnois, où il a esté employé durant sept moys que pour le voiage qu'il est venu faire a mois de novembre dernier de Piedmont vers sa Majesté et pour son service depuis le VII° dudict moys qu'il y arriva et retour Le tout pour affaires concernant le service de sadite Majesté et sur ses chevaulx, dont nous l'avons appointé et assigné, appointons et assignons sur vous par ceste présente signée de nostre main que vous recouvrerez et qui nous rendra comptable au Roy notre sieur, servant de quitance de nous à vostre acquit et descharge de ladicte somme de huict cens escus sol, de laquelle dès maintenant comme pour lors nous vous tenons content et vous en quittons et tous autres. Fait à Tours le 16e jour de mars 1593.

Deux ans et demi plus tard, Henri IV écrivait en ces termes au même Georges de Villeneufve :

A Monsieur le baron de Joux,
Cappitaine d'une compagnie de gens de cheval.

Monsieur le baron de Joux, il se présente une occasion qui importe grandement à mon service en laquelle je désire me servir de vostre compagnie de gens de cheval au moyen de quoy je vous prie incontinant la présente receue de la mettre ensemble et la rendre la plus forte que vous pourrez pour marcher et vous trouver avec elle où je vous manderay au premier advis que vous en aurez de moy à quoy comme je me promectz tant de vostre affection que vous ne voudrez manquer. Il me suffira aussi de vous asseurer que je recongnoistray à jamais le bon debvoir que vous y ferez et prierai Dieu, Monsieur le baron de Joux qu'il vous ayt en sa sainte garde. Escrit à Lyon le VIe jour de septembre 1595.

Signé : Henry.

et plus bas : De Neufville

Le 5 avril 1614, haut et puissant seigneur messire Georges de Villeneufve et haute et puissante dame Charlotte de Champier, sa femme, pour l'honneur de Dieu et pour le remède de leurs âmes et de celles de leurs prédécesseurs et successeurs firent une fondation de messes et service divin qui seront célébrés en l'église paroissiale de Joux-sur-Tarare et au maître-autel, à savoir : 12 grandes messes à diacre et sous-diacre tous les ans, aux jours ci-après dénommés, une le jour de la Sainte-Croix, troisième jour de mai, une du Saint-Esprit, le deuxième jour de la Pentecôte, une au nom des cinq plaies de notre-

Seigneur, le premier vendredi de la Caresme, et trois à l'honneur de la benoiste vierge Marie, la première la veille de l'Annonciation de la Notre-Dame, la deuxième la veille de la Notre-Dame de mi-août, la troisième, la veille de la Notre-Dame des Advents, et les autres six pour les trépassés, tous les premiers vendredis des mois à commencer au mois de janvier. Ils fondent aussi à perpétuité un *liberame* ou un *de profondis* qui sera dit sur la tombe et charnier de leur famille, tous les dimanche et grande fêtes solennelles, à l'issue de la grande messe parrochialle. Ils demandent encore diverses autres cérémonies telles que chant du *Salve Régina*, branle de cloche, etc. Pour l'exécution et entretien de ces fondations, le seigneur et la dame de Joux donnent le pré dit de la Croix, situé entre la place de la Croix, le grand chemin et la rivière de Turdine, et le domaine de Mogier d'Abbas, appelé, dans la suite, de la Prébande, sur lequel ils se réservent, entre autres choses, le droit de justice haute, moyenne et basse, mixte et impère, droit de guet et garde, fortification, réparation, droit de moulage, courvées et droit de chasse de perdrix.

Les archives du château de Joux contiennent aussi une lettre, signée du roi Louis XIII et adressée à Georges de Villeneufve :

A MONSIEUR LE BARON DE JOUX.

Monsieur le baron de Jou, le sieur d'Halincourt m'a icy fait entendre l'affection que vous temoignez à tout ce qui regarde mon service par de là. Et comme vous vous employez soigneusement à m'en rendre des effectz aux occasions qui s'en présentent dont je vous say très-bon gré, et le renvoyant maintenant en sa charge encores que vous puissiez aprendre de luy la satisfaction que j'ay de vos bons déportemens, j'ay bien voulu néantmoins vous la témoigner par ceste lettre que sera aussy pour vous prier et exhorter de continuer en ce bon devoir vous asseurant que j'auray toujours en considération telle que vous pouvez désirer vos bons et fidelles services pour les reconnoistre en tout ce qui s'offrira pour vostre bien et contentement et n'estant la présente à autre effet je prie Dieu, Monsieur le baron de Jou, vous avoir en sa saincte garde, Escrit à Paris ce 17 de février 1617.

Signé : Louis.

et plus bas : Phelypeaux.

Le 3 juin 1626, Georges de Villeneufve fit un échange avec Jeanne du Fossat, veuve de Villechèze, par lequel il lui donna sa maison-forte de Pesselay, située à Saint-Symphorien-de Lay et reçut d'elle les deux tiers de la maison-forte d'Affoux, les deux tiers des cens, servis rentes, droits seigneuriaux indivis avec le seigneur de Saint-Forgeulx, le domaine de la maison-forte d'Affoux, le domaine Grizaud, le moulin Vermare, grange, colombier, aisances, étables, jardin, place, cheneviers, prés, terres, bois, hermages, brosses, etc., le droit de tombeau et banc en l'église d'Affoux, et tous les droits qui ne sont pas partagés avec le seigneur de Saint-Forgeulx. Jeanne du Fossat tenait la co-seigneurie d'Affoux, qu'on appelait autrefois Affoz de son père Jean du Fossat et de sa mère Jacqueline d'Affoz, qui la lui donnèrent, le 10 avril 1597, lors de son mariage. En 1545, Georges d'Affoz et Jean d'Ausserre étaient co-seigneurs d'Affoux.

En 1628, Georges de Villeneufve, en sa qualité de bailli de Beaujollais, écrivit la lettre suivante à Monsieur d'Halincourt, gouverneur des pays de Lyonnais, Forez et Beaujolais, pour en obtenir l'autorisation d'assembler la noblesse de Beaujolais, et il en reçut une réponse favorable qui sera insérée à la suite de la susdite lettre.

A MONSIEUR

MONSIEUR D HALINLOURT, chevallier des ordres du roi, conseiller en ses conseilz d'estat et privé, cappitaine de cent hommes d'armes de ses ordonnances, seneschal de Lyonnois, gouverneur et lieutenant-général pour Sa Majesté, en la ville de Lyon, pais de Lyonnais, Forestz et Beaujollois.

Vous remonstre le sieur Baron de Joux, Bailly pour le roi et de monseigneur son frère au pais de Beaujollois que despuis peu de jours en ça, la plus grande partie de la noblesse dudict pais l'est allé trouver en sa maison et lui communiquer de plusieurs affaires qui leur touchent et à leurs tenanciers et justiciables, à raison des impositions dont les grandes villes se deschargent sur le plat pays, à la diminution même des deniers du roi, qui les réduit à une si grande pauvretté qu'ils ne leur peuvent plus payer leurs rétributions, l'auroyent requis en qualité de baillif leur permettre selon l'anciènne coustume d'assembler en sa présence, ce qu'il leur auroit refuzé, leur représentant ne le pouvoir, messieurs les gouverneur et lieutenant de roy, estant dans le gouvernement, ce que voyant ils m'auroyent prié, Monsieur, de vous en faire leurs suplications très-humbles de leur part, et leur permettre de se pouvoir assembler en tel lieu de la province de Beaujollois qu'il veus plaira pour tout ce présent mois, et en présence de qu'il vous plaira l'ordonner. Fait à Lyon ce 13ᵉ jour de mars 1628.

Signé : Villeneufve-Joulx.

Nous permettons ausdictz sieurs de la noblesse de Beaujollois de s'assembler pour les causes contenues en la présente requeste un jour de ce présent mois de mars en la ville de Villefranche en la présence dudict sieur baron de Joux, leur ballif qui nous tiendra adverty de tout se qui ce passera en adicte assemblée et sans qu'il leur soit loisible de mettre autre chose en délibération ny qui puisse importer au service du roy, en advertissant les officiers de Sa Majesté du jour de leur dicte assemblée. Fait à Lyon, — ce quatorzième jour de mars 1628.

Signé : HALINCOURT.

Par mondit seigneur,
DUMAY.

Georges de Villeneufve mourut en 1637 et laissa pour héritier son fils Jean de Villeneufve, lequel fut tuteur de son neveu Georges de Villeneufve, fils de son frère Jacques de Villeneufve et de Marie Thierry, dame de Bionnay et de Vaux, en Beaujolais. Jean de Villeneufve négligea de rendre compte de sa tutelle à son neveu, et celui-ci ayant surpris des arrêts par défaut contre son oncle fit vendre le comté de la Bâtie, pilla le château de Joux et les titres, mit un décret sur cette terre, et par ce moyen le dépouilla de tous ses biens.

Jean de Villeneufve eut deux femmes ; la première fut Marie de Baglion, dame de Jous, fille de Léonor de Baglion, baron de Jous et de Paillant et de Françoise Henry, dame de la Salle ; la seconde fut Marie-Suzanne Orlandini, fille d'Alexandre Orlandini, seigneur de Saint-Trivier, petit fief situé dans la paroisse d'Irigny, Mazeras, Montpentier et Vesenay, et d'Hélène de Gadagne Champerroux.

Le 17 octobre 1662, Charlotte de Champier, veuve de Georges de Villeneufve vendit, pour son fils Jean de Villeneufve, à Pierre Chermette, les deux tiers de la rente noble d'Affoux, sous faculté de réachat.

A la mort de Jean de Villeneufve, arrivée en 1678, son fils du second mariage, Alexandre de Villeneufve rendit son compte de tutelle à son cousin Georges de Villeneufve qui fut déclaré son débiteur, et par arrêt du Parlement de Paris du 18 août 1683, il fut ordonné qu'il rentrerait dans la terre de Joux hors de laquelle sa famille avait été 30 ans.

Le 9 novembre 1683, Alexandre Garnier, sergent royal en la sénéchaussée et siége présidial de Lyon, assisté de messire Alexandre de Villeneufve, venu exprès de Paris pour mettre ledit arrêt à exécution, se transporta à cheval de Lyon en la paroisse et baronnie de Joux-sur-Tarare, en Beaujolais, pour mettre ledit messire Alexandre de Villeneufve en possession de ladite terre et baronnie de Joux, saisine, jouissance, haute-justice, moyenne et basse, rente noble, servis, droits et devoirs seigneuriaux, questables ou non, droit de pêche et de chasse, abbenevis, moulins, fours bannaux, ruisseaux, rivières, grands chemins, prises d'eaux, bois de haute futaie et taillis, dependant de ladite terre et baronnie, pour la moitié seulement, l'autre moitié lui appartenant de droit comme héritier de Jean de Villeneufve, son père, pour la somme de 20,000 livres à déduire sur celle de 131,493 livres, 13 sols, 6 deniers, d'une part, à laquelle ledit sieur Georges de Villeneufve est condamné par ledit arrêt, et la somme de 1,000 livres pour dommages-intérêts, à cause de la détention de messire Jean de Villeneufve. Alexandre Garnier, étant à la porte dudit château de Joux et au principal manoir de ladite baronnie, heurtant à la porte d'icelui par diverses fois, ouverture lui est faite par sieur Toussaint Bruyas, homme d'affaires de Georges de Villeneufve, et étant entré dans le château, il s'enquiert de lui si Georges de Villeneufve y est ; sur sa réponse négative, il fait commandement audit sieur Bruyas, de par le Roi et justice, de lui faire ouverture de tous les lieux et endroits dudit château ; à quoi obéissant, il prend par la main droite messire Alexandre de Villeneufve et le conduit dans toutes les cuisines, salle basse, chambres, anti chambres, greniers, fruitiers, caves, écuries, fenières et autres membres, dépendant dudit château, et en signe de véritable possession lui remet les clefs principales dudit château, ainsi qu'elles lui ont été remises par ledit sieur Bruyas, en suite du commandement à lui fait, et lui fait ouvrir et fermer les portes et fenêtres ; il le conduit dans le jardin, où il arrache des herbes, rompt des branches d'arbres vifs, plantes et racines, comme est obligé de faire un véritable possesseur. Alexandre Garnier conduit ensuite messire Alexandre de Villeneufve dans les domaines de la Noyrie, Terraillon, Nerbet, Mogier-d'Aval, dit la Prébande, Mogier-d'Amont et aux moulins de la Noyrie et Berthier, dépendant de la baronnie de Joux, où il remplit les mêmes formalités. De là il le mène dans l'église paroissiale de Joux ; la porte d'icelle lui ayant été ouverte par messire Jean Decombe, curé dudit lieu, auquel il a fait savoir le sujet de son transport et exhibé ledit arrêt dont il lui a fait lecture, en lui enjoignant d'introduire messire Alexandre de Villeneufve dans le *santa santorum* de ladite église, afin qu'il y prie comme seigneur, ainsi que dans sa chapelle, et demander le manillier pour sonner les cloches, il entre en ladite église, prend l'aspergès, étant dans le bénitier, le présente à messire Alexandre de Villeneufve qui prend de l'eau-bénite, de là il le conduit au *santa santorum*, où il prie Dieu et lui fait ses reconnaissances agréables comme à son divin sauveur, ainsi que dans sa chapelle et banc : puis ledit seigneur prend le bout de la corde de la cloche qu'il sonne autant qu'il lui plaît, comme véritable possesseur et seigneur direct temporel. Le lendemain Alexandre Garnier conduit messire Alexandre de Villeneufve du château de Joux en la paroisse d'Affoux, dépendant de ladite baronnie, au devant de la maison-forte dudit lieu, dont un tiers appartient à monsieur du Fournel-Bayères et le reste audit seigneur de Joux, au domaine Grisaud et au moulin Tillardon dont il le met en possession avec les mêmes formalités susdites, puis il le mène à l'église d'Affoux, où il fait comme dans l'église de Joux. De là ils se transportent à Saint-Marcel-l'Eclairé où messire Alexandre de Villeneufve remplit les formalités ci-dessus mentionnées en celles de Joux et d'Affoux.

Alexandre de Villeneufve fut encore contraint d'obtenir plusieurs arrêts en 1689 et 1690, même des lettres monitoires pour recouvrer une partie des titres de la baronnie de Joux, enlevés par son cousin Georges de Villeneufve.

Le 23 avril 1692, fut fait un échange entre Alexandre de Villeneufve et Maurice du Fournel ; le premier donna au second son fief d'Argil, en Dombes, et reçut le tiers indivis de la rente d'Affoux, le tiers de la maison-forte et la rente de Saint-Marcel-l'Éclairé. Ces derniers biens venaient des familles d'Ausserre et du Fournel, Jean d'Ausserre étant co-seigneur d'Affoux en 1545 et Michel du Fournel ayant acquis, le 6 janvier 1631, de Gaspard de Vichy, la rente noble d'Ausserre, sur Affoux, Montroltier, Villechenève, pour le tiers indivis, et pour le tout sur Saint-Marcel, avec le domaine indivis de la maison-forte d'Affoux.

Le 16 janvier 1694, Alexandre de Villeneufve transigea avec les héritiers de Jean Chermette pour rentrer dans les deux tiers de la rente d'Affoux aliénés par son père.

Alexandre de Villeneufve était né le 17 juillet 1645 et avait été baptisé à Joux le 15 août de la même année ; il épousa Marie-Nicole Le Boucher de Beauregard, testa le 30 août 1729 et mourut le 17 janvier 1732, dans son fief de Saint-Trivier, à Irigny, où il demeurait depuis plusieurs années.

Jean-Joseph de Villeneufve, fils d'Alexandre de Villeneufve et de Marie-Nicole Le Boucher de Beauregard, succéda à son père dans la baronnie de Joux et le seigneurs d'Affoux, Saint-Marcel-l'Éclairé, la Noyrie et Langes ; il épousa, en premières noces, par contrat du 3 octobre 1724, damoiselle Lucrèce de Foudras de Courcenay, fille de haut et puissant seigneur messire Camille-Joseph de Foudras, seigneur-comte de Courcenay, la Plasse, etc., et de dame Lucrèce de Revol ; en faveur de ce mariage, son père lui donna sa terre et baronnie de Joux, rentes nobles, institutions et destitutions d'officiers, avec toutes ses appartenances et dépendances ; il se maria en secondes noces, par contrat du 3 juillet 1745, avec sa nièce Marie-Nicole de Pomey de Rochefort, fille de messire Jacques de Pomey, chevalier, seigneur de Rochefort, les Sauvages, Monchervet et autres places, et de dame Marie-Charlotte de Villeneufve, sa sœur.

Jean-Joseph de Villeneufve testa, le 7 septembre 1745, en faveur de sa seconde femme et mourut le 13 septembre 1766.

Un an avant sa mort, dans la nuit du 20 au 21 juin 1765, la paroisse de Joux fut dévastée par une pluie torrentielle qui causa de grands dégâts à Tarare, aux Sauvages, à Amplepuis et dans plusieurs autres paroisses voisines. Après ce désastre, les habitants de la paroisse de Joux envoyèrent une supplique à l'intendant de la généralité de Lyon, dans laquelle ils lui exposèrent les faits à peu près en ces termes : Joux est la paroisse la plus montagneuse de l'élection de Villefranche et tous ses prés sont renfermés dans les différents vallons qui la composent. La quantité d'eau qui tomba sur les montagnes forma de toutes parts des torrents si rapides qu'en se précipitant ils entraînèrent les terres, les arbres et tout ce qui se trouva sur leur passage. Ces eaux accumulées dans les vallons acquirent une nouvelle force, s'ouvrirent un passage au milieu des prés par des ravins si profonds et si larges que plus de la moitié de leur contenue fut emportée, et il est difficile de tirer parti de ce qui en reste, soit par la difficulté de pouvoir les arroser, soit par celle d'enlever les pierres et le gravier dont ils sont couverts ; les chemins ont eu le même sort, il sont coupés de toutes parts, et tellement remplis de pierres et de gravier que toute communication est impraticable, tant pour le dedans que pour le dehors de la paroisse. Les deux tiers au moins de la paroisse sont réduits à ce triste état et les habitants se verraient dans la dure nécessité de l'abandonner, s'ils n'étaient déchargés des impositions de cette année et des corvées du grand chemin, puisqu'ils travaillent à rétablir les leurs, dont ils ne viendront pas à bout dans un an, même avec le secours de dix paroisses voisines.

La paroisse de Joux est composée de différentes gorges fort resserrées, formant autant de petits ruisseaux qui, en se réunissant, n'en forment qu'un seul au-dessous du village. Du côté du matin, le vallon de Vermaire, celui d'Arcy et toutes les prairies depuis la montagne jusqu'au village de Joux sont tellement dégradées, les prés, pendant l'espace de trois quarts de lieue, coupés du commencement à la fin, quantité d'arbres arrachés et partie des terres, surtout celles nouvellement cultivées sont descendues dans la rivière, avec partie des haies ; au midi, qui comprend le sixième de la paroisse, le quart des foins est emporté dans les prés et les terres labourées sont entraînées en divers endroits ; à l'occident, le vallon de Chervéron, se terminant au village de ce nom, qui a trois quarts de lieue de longueur, a ses prairies coupées par des ravins et ses terres sont emportées ; au nord, le vallon tenant de la Chapelle, au-dessous du village et au pied de la montagne de Tarare, pendant l'espace d'une lieue et demie, a tous ses prés encore plus dégradés ; c'est un véritable cahos La perte de la paroisse de Joux est de plus de 50,000 écus et le revenu de chaque particulier est par là diminué, à l'avenir, de deux tiers. Cet exposé est constaté par un procès-verbal dressé par M. Boujot, président en l'élection de Villefranche. En considération de ce désastre, les habitants de Joux demandent un délai d'un an pour acquitter les tailles de cette année, la réduction à l'avenir de la grande taille au tiers de ce qu'elle est, la décharge pour cette année de tout vingtième et de 2 sols par livre et sa réduction pour l'avenir au tiers, et à l'égard des corvées du grand chemin qu'ils en soient exempts pendant le temps que Monseigneur l'intendant jugera à propos.

En l'an 1770, maître Georges de la Coste, notaire royal et procureur fiscal de la baronnie de Joux, ayant remontré à Claude-Antoine Ducôté, notaire royal, capitaine-châtelain et lieutenant de juge de ladite baronnie et terres en dépendant, que depuis quelques années, il s'est aperçu de plusieurs contraventions, fraudes et abus, aussi préjudiciables au bien public que contraires aux lois et au bon ordre, les ordonnances sur le fait de la police de la baronnie de Joux sont renouvelées au nom de dame Nicole de Pomey de Rochefort, baronne de Joux, veuve de messire Jean-Joseph de Villeneufve.

Voici le texte de différents articles de cette ordonnance, qui pourrait avantageusement servir de modèle à celles de nos villes et villages, sous différents rapports :

1° Très-expresses défenses sont faites à toutes [personnes de jurer et blasphémer le Saint nom de Dieu, dans l'étendue de cette juridiction, et de proférer des paroles obscènes contre l'honneur de la Très-Sainte Vierge et des Saints, ni autres discours impies et scandaleux, aux peines portées par les ordonnances de nos Rois, et être sur le champ arrêtées par les ordres des officiers, et seront, ceux qui se trouveront présent, tenus de leur prêter main-forte aux peines de droits ;

2° Enjoignons à tous les habitants des terres de ladite dame, d'assister respectueusement au service divin les jours de dimanche et fêtes, d'entrer dans les Eglises durant les offices ; leur défendons de rester hors desdites églises, à peine de l'amende de 5 livres pour la première fois, même de prison en cas de récidive.

3° Défenses sont faites de travailler manuellement les jours de dimanches et de fêtes, et de faire aucuns charrois, sans une nécessité urgente, et sans en avoir pris auparavant la permission de Messieurs les curés ; comme aussi de se promener dans les églises, cimetières et autres lieux saints ; de hanter les cabarets lesdits jours, pendant les offices divins ; à tous cabaretiers vendant vin et autres, de donner à boire et à manger, ni jouer pendant lesdits offices, et de tenir leurs buvories et tavernes ouvertes après 10 heures du soir, depuis les fêtes de Pâques jusqu'à la Saint-Michel et depuis la Saint-Michel jusqu'à Pâques, après 8 heures ; le tout à peine de 10 livres d'amende, contre chaque contrevenant, et pour chaque contravention ;

4° Pareilles défenses sont faites à tous marchands, bouchers, boulangers et autres tenant boutiques, d'étaler leurs marchandises, soit aux places publiques, ou ailleurs, pendant lesdits jours de dimanches et fêtes ; notamment pendant les offices divins, à peine de confiscation des marchandises et denrées, et de l'amende de 5 livres ;

5° Défendons à tous propriétaires, locataires de maison, fermiers, grangers ou autres, de retirer ou loger femmes ou filles débauchées, vagabonds, gens sans aveu et outres personnes de mauvaise vie. Enjoignons à ces sortes de gens de sortir hors des limites de notre juridiction, dans les 24 heures après la publication des présentes, à peine de punition et d'être procédé extraordinairement ; et aux susdits propriétaires, locataires, fermiers, grangers et autres, d'en avertir les sieurs officiers, dans les 24 heures, à peine de 10 livres d'amende, et de plus grande, s'il y échet.

6° Défenses sont faites aux matrones, sages-femmes et autres personnes de retirer ou avoir chez elles, des femmes ou filles enceintes, sans en avoir fait, dans les 24 heures, la dénonciation au greffe de la juridiction, ou sur le registre du procureur fiscal ; à peine de 30 livres d'amende ; et à toutes personnes d'exposer des enfants, sous les mêmes peines et de punition corporelle.

7° Enjoignons à tous propriétaires, locataires, fermiers, grangers ou autres, d'entretenir les rues et chemins, les tenir nets et en bon état, chacun en droit soi ; d'élaguer les arbres, buissons et haies qui sont sur les chemins publics ; d'élargir les chemins dans les endroits où il sera par nous jugé nécessaire ; combler les creux ou concavités avec des pierres ou du sable par dessus; donner issue aux eaux croupissantes, le tout quinzaine après publication de notre ordonnance ; le tout à peine de 10 livres d'amende, et d'être lesdites réparations faites aux frais des contrevenants à la diligence du procureur fiscal ; pour raison de quoi, exécutoire lui sera délivré.

8° Défenses sont faites à toutes personnes d'entreposer, dans les rues, places et chemins publics, aucuns fumiers, bois, chars et charrettes, ni autres choses qui incommodent le public ; à peine de confiscation. Défendans aussi de ne rien jeter par les fenêtres, ni dans les rues, places et chemins publics, aucunes pierres ni pelotes de neige ; à peine de 10 livres d'amende, et d'être procédé contre chaque contrevenant, suivant l'exigence des cas.

9° Pareilles défenses sont faites à tous justiciables possédant fonds, joignant les chemins, rivières et ruisseaux de notre juridiction, de prendre et s'approprier les eaux, ni faire aucune levée dans les chemins, pour en détourner le cours, sans un abénévis de ladite dame baronne de Joux ;

seront tenus les particuliers qui prétendent en avoir, de les rapporter au greffe de cette juridiction, dans le mois, après la publication des présentes, pour y être enregistrées et pris es extraits nécessaires ; à peine de demeurer déchu du bénéfice d'iceux. Pareilles défenses sont faites de s'approprier, clore ni boucher aucune place vacante, ni sentier, sans une concession dudit seigneur, le tout à peine de l'amende de 20 francs.

10° Défenses sont faites à toutes personnes de faire aucunes constructions, ni planter aucuns arbres, haies ou buissons sur et joignant les rues, chemins et places publiques, dans toute l'étendue de cette juridiction, sans, au préalable, avoir pris de nous ou des officiers de la juridiction, les mesures et alignements requis par les ordonnances ; à peine de démolitions des bâtiments et d'être les haies, arbres ou buissons, coupés et arrachés aux frais des contrevenants, à la diligence du procureur fiscal. Pour raison de quoi, exécutoire lui sera délivré aux peines aussi, tant contre les contrevenants que contre les maçons, de 25 livres d'amende ; au payement de laquelle somme ils seront solidairement contraints.

11° Enjoignons à ceux qui, depuis 10 ans, ont fait faire des bâtiments, ouvertures de fenêtres et murailles de clôture, sur rues, chemins ou places publiques, de rapporter au greffe, quinzaine après la publication de notre présente ordonnance, les permissions et alignements qu'ils ont pris ou dû prendre : et à défaut d'y satisfaire, sera pourvu contre les défaillants, ainsi qu'il appartiendra.

12° Défenses sont faites à toutes personnes de mener ou de faire mener paître des bestiaux dans les fonds d'autrui ; et notamment dans ceux du seigneur ; prendre ou emporter les fruits, couper haies, plantes ou arbres vifs ou morts, les élaguer ou écotter, à peine de 20 livres d'amende, et de tous dépens, dommages et intérêts, dont les père et mère demeureront responsables pour leurs enfants, et les maîtres pour leurs domestiques.

13° Enjoignons à tous justiciables de cette baronnie et dépendances de se défaire de leurs chèvres, huitaine après la publication de notre présente ordonnance ; permis à ceux qui les trouveront dehors en dommages de les tuer ; permis néanmoins à ceux qui auront de quoi les nourrir dans leurs écuries, de les y garder, à peine, contre chaque contrevenant, de 10 livres d'amende, dépens, dommages et intérêts, dont les père et mère demeureront ainsi responsables pour eurs enfants, et les maîtres pour leurs domestiques.

14° Défendons à toutes personnes, de quelques qualités et conditions qu'elles soient ou puissent être, de chasser dans l'étendue de notre baronnie, avec fusils, arquebuses ou autres armes, chiens, sans chiens, ni autrement, de tendre ni poser aucuns pièges, lacets, pierres plates, tirasses, tramails, rêts, pantières et autres engins pour prendre le gibier de poil ou de plume. Pareilles défenses sont faites d'aller à l'affût prendre ou détruire les œufs de perdrix, cailles et autres oiseaux ou les acheter; de prendre ou détruire les jeunes levraux et lapereaux, soit par eux, leurs enfants ou domestiques, à peine d'être procédé extraordinairement contre eux, et suivant la rigueur des ordonnances des eaux et forêts; demeureront les père et mère, maîtres et maîtresses responsables pour leurs enfants et domestiques.

15° Faisons pareilles défenses à toutes personnes, de quelques qualités et conditions qu'elles soient, de pêcher dans les ruisseaux et rivières de cette juridiction jeter de la chaux, noix vomique, coques du Levant, et autres drogues et appâts ; le tout à peine de l'amende, et d'être procédé contre eux, suivant la rigueur des ordonnances.

16° Défendons de tirer sur les pigeons et de les prendre avec des appâts à peine de 50 francs d'amende, dépens, dommages et intérêts des plaignants, et d'être procédé contre les contrevenants, suivant la rigueur des ordonnances.

17° Défendons à toutes personnes de battre la caisse le jour ou la nuit, faire charivari, ni autre bruit qui trouble le repos public. Défendons pareillement toutes fêtes baladoires, danses publiques et toutes espèces d'assemblées, si ce n'est celles qui seront convoquées par l'autorité légitime, et après nous avoir fait apparoir des pouvoirs que l'on aurait pu obtenir pour les convoquer, à peine de confiscation des instruments, et d'être procédé contre les contrevnants pour être puni suivant la rigueur des ordonnances.

18° Défendons pareillement à tous les justiciables de cette baronnie, de mettre rouir ou naiser leurs chanvres dans la rivière qui coule dans la colline de Joux; leur enjoignons de faire des rotoirs à côté de ladite rivière, où ils pourront faire entrer un filet d'eau; le tout pour éviter que le chanvre ne détruise le poisson; et qu'au surplus dans un temps de sécheresse, les bestiaux puissent être abreuvés, sans risque; et à peine de 50 livres d'amende contre chaque contrevenant, et de confiscations desdits chanvres

19° Semblables défenses sont faites à tous opérateurs, charlatans, chimistes et autres personnes inconnues, de vendre et distribuer aucuns remèdes dans l'étendue de notre juridiction, sans notre permission, ou des officiers d'icelle, à peine de confiscation des remèdes, et d'être mis hors des limites de ladite juridiction;

20° Défenses, à tous justiciables de se pourvoir en première instance tant civilement qu'extraordinairement, par devant d'autres juges que nous, à peine de nullité et 10 livres d'amende, et à tous praticiens ou autres, de s'immiscer dans l'administration de justice, rière le territoire du seigneur même sous prétexte de vice-gérer; si ce n'est dans le cas de l'ordonnance, à peine de nullité;

21° Défendons à tous justiciables de mettre obstacle ou empêchement quelconque à l'exécution de la présente ordonnance, et autres que nous pourrions rendre pour le maintien du bon ordre et de la police, de retirer, cacher ou faciliter, en aucune manière, la fuite ou l'évasion des malfaiteurs, coupables ou intervenants, à peine de désobéisance et d'être punis, suivant l'exigence des cas; leur enjoignons, au contraire, de prêter main-forte, toutes fois et quantes qu'ils en seront requis ; afin que force reste à justice ;

22° Ordonnons que les contrevenants à la présente ordonnance, seront contraints au payement des amendes, qui seront prononcées contre eux, par les voies de droit, et même par emprisonnement de leur personne.

Et sera notre présente ordonnance exécutée selon sa forme et teneur, nonobstant oppositions ou appellations quelconques, et sans y préjudicier, comme pour fait de police ; et afin qu'on n'en puisse prétendre cause d'ignorance, elle sera lue, publiée et affichée, à la manière et aux endroits accoutumés desdites terres, à l'effet de quoi elle sera imprimée. Et le tout fait à la diligence dudit procureur d'office, pour par lui tenir la main à l'exécution d'icelle dans tout son contenu.

En 1777, Joux-sur-Tarare, village, paroisse, château et baronnie dans le Beaujolais était de l'archiprêtré de Tarare, de l'élection et du ressort du bailliage de Villefranche. La juridiction comprenait la paroisse de Joux, celles de Saint-Marcel-l'Eclairé et Affoux, avec partie de celle de Saint-Forgeulx, toute la partie de Violay, situé en Beaujolais et la 20° des Sauvages. Il y avait un marché le mardi.

Le 2 août 1793, le conseil de la commune de Joux fit transporter sur la place publique de ce lieu les titres et papiers des rentes seigneuriales de l'ancienne baronnie de Joux, consistant en terriers de 1460, 1520, 1720 et autres dates et en deux balles de procédures pour droits féodaux contre divers particuliers, et les fit tous brûler, sur l'heure de 5 de relevée, conformément à l'arrêté du directoire du district de Villefranche.

Marie-Nicole de Pomey veuve de Jean-Joseph de Villeneufve. mourut le 26 nivôse an II, au château de Joux, à l'âge de 70 ans et eut pour héritier son frère Jean-Joseph-

Luc de Pomey de Rochefort, ancien capitaine au régiment d'Eu, marié à Claudine-Sulpice de Ferrus, mort à Lyon le 25 ventôse, an VIII, à l'âge de 69 ans. Peu de temps avant sa mort, il avait donné à sa fille Françoise-Thérèse de Pomey, à l'occasion de son mariage avec Thomas-Jacques de Cotton, le château de Joux et la plus grande partie des domaines et fonds dépendant de cette terre.

Thomas-Jacques de Cotton, était fils de messire Martial-Paul-Claude de Cotton, avocat au Parlement de Dijon et de Dame Marie de Vincent de Panette. Né le 20 juin 1766, il entra très jeune dans la marine, fut blessé au combat du détroit de Gibraltar, le 18 janvier 1784, il parvint au grade de lieutenant de vaisseau, servit dans l'armée des princes, pendant la Révolution, fit partie de l'administration des hôpitaux de Lyon, du conseil général du département du Rhône de 1800 à 1814 ; il fut placé à la tête de ce département, au moment de la Restauration, à la suite de laquelle il fut créé chevalier de Saint-Louis et capitaine de frégate honoraire. Il administra ensuite les départements de Vaucluse et de la Drôme, fut nommé chevalier de la Légion d'honneur et représenta plusieurs fois le département du Rhône à la Chambre des députés.

Thomas-Jacques de Cotton descendait au 5º degré de Hiérome de Cotton, échevin de Lyon en 1635 et 1636, marié à Anne d'Ossaris, fille de Marie d'Ossaris, échevin de la même ville et de Léonore Rigaud ; au 4º degré de Louis de Cotton, seigneur de Valplaisant, échevin de Lyon en 1674 et 1675, capitaine pennon du quartier de Saint-Nizier, marié à Antoinette Carette, fille de Jean Carette, échevin de Lyon et de Jeanne Gayot ; au 3º degré de Jean de Cotton, avocat au Parlement, conseiller au présidial de Lyon, marié à Marie des Rioux, fille de Bernard des Rioux, bourgeois de Lyon, seigneur de Messimy en

Dombes et de Marie Silla ; au 2ᵉ degré d'Antoine de Cotton, capitaine au régiment de Villeroy, marié à Claudine Terrasse, fille de Jacques Terrasse, seigneur d'Yvours et de Marguerite Trollier.

Le château et la terre de Joux, après la mort de Thomas-Jacques de Cotton et de Françoise-Thérèse de Pomey, sa femme, ont été possédés par leur fils aîné, M. Séverin de Cotton, qui embrassa la carrière de la magistrature ; substitut à Belley au moment de la révolution de 1830, il donna alors sa démission. Il a transmi la terre de Joux à son fils unique, M. Raymond de Cotton, né de son alliance avec Mlle Gabrielle du Puy-Montbrun-Rochefort.

M. Raymond de Cotton, marié à Mlle Isaure de Chabert de Boën, a hérité du nom et du titre de M. le marquis du Puy-Montbrun, son grand-père maternel, le dernier descendant d'une illustre souche dauphinoise. Il a fait réparer d'une manière remarquable l'intérieur de son vieux manoir de Joux et l'a orné d'un grand nombre de tableaux et objets d'art qu'il tient de ses ayeux.

Lyon. — Impr. Vingtrinier.

www.ingramcontent.com/pod-product-compliance
Lightning Source LLC
Chambersburg PA
CBHW060525050426
42451CB00009B/1165